Hier letzter Bahnhof im Demokratischen Sektor

Ernst Dickenscheid (Hrsg.)

Hier letzter Bahnhof im Demokratischen Sektor

Witze und Anekdoten aus der „DDR"

Bibliografische Information der Deutschen National-
bibliothek:
Die Deutsche Nationalbibliothek verzeichnet diese Pu-
blikation in der Deutschen Nationalbibliografie; de-
taillierte bibliografische Daten sind im Internet über
http://dnb.dnb.de abrufbar.

Lektorat und Satz: **Thomas Marin**
*Coverfoto: Sektorenmarkierung, Stettiner Tunnel,
Nordbahnhof, Wikimedia commons, user:Beek100*

*Herstellung und Verlag: BoD – Books on Demand,
Norderstedt*
ISBN: 978-3-7386-3094-7

Inhaltsverzeichnis

Vorwort

Ein Verwandter, der in Übersee lebt und manchmal zu Besuch kam, sagte mal: Nirgendwo auf der Welt wird so über politische Witze gelacht wie bei euch. Es war eben eine Möglichkeit, dem System eins auszuwischen, ohne sich zu gefährden – wenn man wusste, das Gegenüber ist auch „dagegen".

Gewesene „DDR"-Bürger freuen sich auch 25 Jahre nach dem Mauerfall noch darüber, anderen verhilft es vielleicht auch jetzt noch ein bisschen dazu, sich in die Gefühlswelt derer hineinzuversetzen, die im Unrechtsstaat lebten, dessen Ende nicht absehbar war.

„Demokratischer Sektor" war die Selbst-Bezeichnung Ost-Berlins, bevor die Sprachregelung galt: „Berlin - Hauptstadt der DDR". SED-Genossen durften nicht – außer mit Parteiauftrag – nach West-Berlin hinein- oder dort durchfahren, daher die Warnung per Lautsprecher: „Hier letzter Bahnhof im Demokratischen Sektor". Auch in diesem Zusammenhang wurde frühzeitig eine südliche Bahnumgehung nach Potsdam gebaut – im Volksmund Bonzenschleuder genannt. Nicht alles kann hier erklärt werden. Gelernte „DDR"-Bürger können zum Verständnis helfen.

Die meiste Arbeit beim Aufschreiben der Witze und wahren Begebenheiten hat sich meine Schwester Hildegard gemacht, die 2012 schon verstorben ist. Ihr noch vielen Dank.

Michendorf, im August 2014.

Ernst Dickenscheid

Aphorismen

In Thüringen 1945/46: o Herr, gib uns das Fünfte Reich – das Vierte ist dem Dritten gleich.

Denkmal des unbekannten Plünderers.

In Erfurt: Ein russischer LKW stand mit Panne mitten auf einer Kreuzung, nichts ging mehr. Ein Russe versuchte, mit einer Kurbel den Motor wieder in Gang zu bringen. Ein Fahrgast in der Straßenbahn: „Steinzeit".

Der gequälte Berliner: Auf einer Holzbank im damaligen Umsteigebahnhof Bergholz am südlichen Berliner Außenring war ca. 1980 monatelang eingeritzt zu lesen: „Russen raus. Tod den Sachsen. Sch…im Osten." Jemand kommentierte: „Man weiß, was gemeint ist. Es gibt keine Auslegungsschwierigkeiten."

Parole am 17. Juni 1953: Spitzbart, Bauch und Brille sind nicht des Volkes Wille.

Auf einer Bank in der Moskauer Lomonossow-Universität war zu lesen: „Sozialismus ist Sch…".

Der kürzeste Witz: „Doktor Walter Ulbricht."

Ein Schüler formulierte: „ Is det schon der Sozialismus, oder kommt's noch schlimmer?"

Keene Butter, keene Sahne – auf'm Mond 'ne rote Fahne.

Esst Fisch (wenn es welchen gibt), und ihr bleibt gesund (wenn er frisch ist).

Unsere Mikroelektronik ist nicht kleinzukriegen.

Wenn ick nich jenau wüsste: „Der Sozialismus siegt", würde ick sagen: „Wir sind bankrott."

Im Herbst 1989: „Ein Hoch auf die Oktoberrevolution!"

Wasserwerfer = Arbeiterwaschmaschine

Partei- und Staatsführung, Sozialismus, Genossen

Im Geschäft für Kunstgegenstände: Alle Regale voll mit Stalinbüsten – gleich groß, gleiche Form, alle rot. Der Verkäufer fragt den Kunden: „NUN, mein Herr, haben Sie schon gewählt?"

Stalinzeit: Es wird früh um halb vier stark an der Wohnungstür geklopft. Bleich öffnet der Hausherr. Rauchschwaden dringen ihm entgegen. Er ruft zu seiner Frau: „Es ist nichts! Es brennt nur!"

Antek und Frantek treffen sich nach dem Krieg. „Was machst du jetzt?" „Ich bin beim NKWD." „Und was machst du da so?" „Weißt du, ich frage die Leute einfach – jetzt frage ich einfach dich: Was denkst du über Stalin?" „Über Stalin? Da denke ich dasselbe wie du." „Siehst du, da muss ich dich verhaften!"

An einer überlangen Ladung baumelt hinten ein Wilhelm-Pieck-Bild. „Sie haben mir gesagt, hinten solle ein roter Lumpen dranhängen."

Wilhelm Pieck spricht mit Theaterschaffenden. Er fragt auch nach der Gage. 3000 Mark, 3500 Mark, 4000 Mark. „Donnerwetter, soviel verdiene ich nicht!" „Sie spielen ja auch keine Rolle!"

Am 27. Mai 1952 wurden Briefmarken mit dem Bild des Staatspräsidenten Wilhelm Pieck herausgegeben. Nach ein paar Tagen erkundigt sich Pieck, wie denn die Marken so gehen. „Schlecht. Sie kleben nicht gut." „Dann kann man doch, bitte, eine bessere Gummierung nehmen." „Daran liegt es nicht. Die Leute spucken immer vorne drauf."

Aus gutem Grund ist Wilhelm rund.

1952 wurden Fünfpfennig-Münzen herausgegeben, auf der Rückseite Hammer und Zirkel zwischen Ähren: Man muss dauernd zirkeln, dass man nicht unter den Hammer kommt und zusehen, dass man in fünf Jahren noch sein Brot hat.

Was ist der Unterschied zwischen einem Vulkan, einer Windhose und Walter Ulbricht? Ein Vulkan ist ein Erdloch, eine Windhose ist ein Luftloch und Walter Ulbricht ist ein Staatsratsvorsitzender.

Was ist der Unterschied zwischen Walter Ulbricht und einer falschen Telefonverbindung? Es gibt keinen. In beiden Fällen gilt: Aufhängen und Neuwählen.

Was ist der Unterschied zwischen einem Handwerker und Walter Ulbricht? Der Handwerker kommt nicht und Ulbricht geht nicht.

Ulbricht zu Besuch bei der Reichsbahn. Da wird ihm gesagt: „Der Lokführer Müller fährt schon jahrelang ohne Kesselstein in seiner Lok." Darauf Ulbricht: „Genosse Direktor, in 14 Tagen hat der Kollege seinen Kesselstein!"

Walter Ulbricht und Willy Brandt unterhalten sich, was sie für Hobbies haben. Brandt: „Ich sammle die Witze, die Leute über mich machen." Sagt Ulbricht: „Da haben wir ja fast das gleiche Hobby! Ich sammle die Leute, die über mich Witze machen!"

Barbarossa, Wilhelm II., Hitler und Ulbricht kommentieren die Zeitläufe anhand ihrer Bärte. Barbarossa: „Lang, lang ist's her." Wilhelm II.: „Wir wollten hoch hinaus!" Hitler: „Kurz war die Zeit!" Ulbricht: „Die Lage spitzt sich zu!"

Lotte Ulbricht besucht eine Keksfabrik. Da ist einer, der taucht immer die Kekse in die flüssige Schokolade. „Und wieviel verdienen Sie?" „An die 2000 Mark." „Was? So viel verdient ja mein Mann nicht." „Der tauch(g)t ja auch nichts!"

Ulbricht und Mao Tse-Tung unterhalten sich, wie viele Regimegegner sie wohl in ihren Ländern haben. Meint Mao: „So etwa 17 Millionen." Ulbricht: „Mehr sind es bei mir auch nicht."

Ulbricht spaziert mit seiner Lotte Unter den Linden und liebäugelt mit jungen Mädchen. Lotte bemerkt das und verbietet es ihm. Er lässt das nicht sein. Da schlägt sie ihm mit dem Schirm auf den Nacken. Das sieht eine Passantin und schlägt ebenfalls auf Ulbricht ein. „Na hören Sie mal, lassen Sie das sein, das ist mein Mann, das geht Sie gar nichts an." „Ach so! Ich dachte, es geht jetzt los!"

Unter Ulbricht wurde eine „Öffentliche Sprechstunde des Staatsratsvorsitzenden" eingerichtet. De facto konnte man bestimmte Vertreter sprechen, bei denen mancher auch etwas erreichte, was auf normalem Weg nicht zu erreichen war. – Ein Mann kommt zur „Öffentlichen Sprechstunde des Staatsratsvorsitzenden" und bittet, Walter Ulbricht zu sprechen. Da wird ihm gesagt, Walter Ulbricht sei gestern verstorben. Der Mann geht weg. Am nächsten Tag kommt der Mann wieder und möchte Walter Ulbricht sprechen. Ihm wird gesagt: Wir haben Ihnen doch gestern schon gesagt, dass Walter Ulbricht verstorben ist. Ach so, sagt der Mann wieder, dann geht es also nicht. Am folgenden Tag kommt derselbe Mann wieder, er möchte Walter Ulbricht sprechen. Warum kommen Sie denn immer wieder; Walter Ulbricht ist doch tot. Ach wissen Sie, ich höre das so gern.

Nach der Arbeit kommt ein Mann zum Zeitungskiosk und fragt nach einer „BZ (Berliner Zeitung) am Abend". Es wird ihm eine hingelegt, er sieht kurz hin, zahlt seine 10 Pfennige, lässt die Zeitung liegen und geht wieder. Am nächsten Tag genauso. Der Verkäufer fragt: „Warum nehmen Sie denn die Zeitung nicht mit?" „Ich suche nur eine Anzeige." „Die Anzeigen stehen doch nicht auf der ersten Seite." „Die Anzeige, die ich suche, steht auf der ersten Seite."

Leipziger Messe. Man hört Schüsse. Eine alte Frau schrickt zusammen. „Sie brauchen nicht zu erschrekken, das waren Salutschüsse für Walter Ulbricht." Noch einmal hört man Schüsse, die Frau schrickt wieder zusammen. „Nicht erschrecken! Ich sagte Ihnen doch, das sind Salutschüsse für Walter Ulbricht." „Ich dachte, sie hätten gleich beim ersten Mal getroffen."

Ein alter Mann ist zu seinen Kindern in den Westen übergesiedelt. Sie helfen ihm beim Koffer auspacken. Zuoberst liegt ein Bild von Erich Honecker. Da gucken die Kinder etwas komisch. Sagt der alte Herr: „Ist schon richtig. Gegen Heimweh!"

Gorbatschow und Honecker gehen in den Wald, Pilze sammeln. An einer Stelle trenne sie sich und verabreden, sich nach einer Stunde dort wieder zu treffen. Gorbatschow ist pünktlich da, Honecker kommt auch nach zwei Stunden noch nicht. Da kommt ein Jäger des Weges. Fragt Gorbatschow: „Bitte: Haben Sie Erich Honecker getroffen?" „Ja, gleich mit dem ersten Schuss."

Honecker und Mielke besuchen in einer Stadt u.a. einen Kindergarten und das Gefängnis. Die Leiterin des Kindergartens bittet vorsichtig um eine Zuwendung von 3000 Mark zur Aufarbeitung des Spielplatzes. Honecker lehnt ab. Der Gefängnisdirektor bittet um Bewilligung von 100.000 Mark zur Renovierung des Schwimmbeckens. Honecker sagt die Summe zu. Fragt Mielke nachher: „Die 3000 Mark für den Kindergarten hast du abgelehnt und 100.000 Mark für das Gefängnis bewilligt? Warum das?" Darauf antwortet Honecker: „Weißt du, in den Kindergarten kommen wir beide bestimmt nicht mehr."

Kennen Sie den, wo Honecker mit einem Strick in den Wald geht? – Nein. – Ich kenne ihn auch nicht weiter, aber er fängt gut an, nicht?

In der Hölle besucht Honecker den Ulbricht. Am Ende sagt Ulbricht zu Honecker: Wenn du wieder einmal kommst, bring mir doch bitte Messer und Gabel mit. Wieso, hast du nicht Messer und Gabel? Nein, die legen mir zum Essen immer Hammer und Sichel hin.

In Thüringen erzählte man sich 1946: Der Schulrat soll demnächst zu Besuch kommen. – Liebe Kinder, wer könnte dem Herrn Schulrat ein Lied vorsingen? – Fritzchen singt: Unsre Katz hat Junge, sieben an der Zahl; fünf sind Kommunisten und zwei sind liberal. – Au ja, das wird dem Herrn Schulrat gefallen. – Nach 14 Tagen kommt der Schulrat. Fritzchen singt: Unsre Katz hat Junge, sieben an der Zahl; zwei sind Kommunisten und fünf sind liberal. – Fritzchen, das hast du doch neulich ganz anders gesungen. – Tja, inzwischen sind den Kätzchen die Augen aufgegangen.

Wie geht's? Danke. Köstlich ohne K.

Die Genossin Frieda wird als Aktivistin ausgezeichnet. „Zum Dank für ihre Tätigkeit überreiche ich ihr zehn Bände Lenin." Stimme aus dem Hintergrund: „Geschieht ihr ganz recht."

Schulungsabend. Der Vortragende erklärt: „Heute haben wir den Sozialismus. Aber so in fünf Jahren werden wir den Kommunismus haben." Stimme aus den hinteren Reihen: „Mir kannste keene Angst machen; ick hab Krebs."

Die Genossin Frieda ist gestorben. Jemand hält eine Rede: „Liebe Genossen! Von der Genossin Frieda, da können wir uns alle noch eine Scheibe abschneiden!"

Man muss so eine dicke Haut haben, dass man ohne Rückgrat stehen kann.

„Lieb und wert" soll gesteigert werden. „Der Telegraf ist mir lieb und wert; der Tagesspiegel ist mir lieber und werter; das Neue Deutschland ist mir am liebsten am Allerwertesten."

Der Starkommentator Karl-Eduard von Schnitzler trifft auf der Straße öfter mit einem Schuljungen zusammen, der dann immer grüßt: Guten Tag, Herr von Schnitz. Eines Tages sagt der so Gegrüßte dann doch einmal: Ich heiße doch Schnitzler. Da können Sie mal sehen, wie schnell mein Papa immer den Kanal wegdreht.

Die Stalin-Allee in Berlin wird endlich umbenannt. Der eine Teil heißt nun Karl-Marx-Allee, der andere Frankfurter Allee. Der Berliner sagt: Mampe-Allee. – Oder auch: Holzweg.

Schweden wäre bereit, die DDR diplomatisch anzuerkennen, wenn vorher Walter Ulbricht hingerichtet würde und zehn Zahnärzte. – Wieso denn zehn Zahnärzte? – Ach so, und Walter Ulbricht – das hältst du für selbstverständlich?

Transparent an einem Zirkus: „Zehn Jahre DDR – zehn Jahre sozialistischer Zirkus." Das Transparent wurde bald wieder entfernt.

Das ovale SED-Parteiabzeichen: Mohrrübenscheibe.

Der Träger eines SED-Parteiabzeichens: Der ist fünf Gramm zu schwer.

In einem kirchlichen Krankenhaus lag ein Genosse. Ein Pfarrer wollte allen im Zimmer die Hand geben. Der Genosse deckt sich auf und zeigt dem Pfarrer den blanken Hintern. Der Pfarrer, nicht faul, klatscht ihm mächtig auf den Po und verlässt das Zimmer.

Breschnew und Carter machen einen Wettlauf. Carter gewinnt. Meldung darüber in der Sowjetpresse: Großartig lief Breschnew ins Ziel. Carter wurde Vorletzter.

(Vom Herausgeber selbst erlebt) Die S-Bahn hält. Ein Kind fragt: Mama, wie heißt der Bahnhof? – Der heißt jetzt Marx-Engels-Platz; früher hieß er Bahnhof Börse. – Und wie heißt er später? (Stalin lebte noch, alle gut erzogen – keiner lachte). – Jetzt: Hackescher Markt.

Anfrage an den Sender Jerewan: Ist es möglich, den Sozialismus auch in der Schweiz aufzubauen?
Antworten:
a) Ja, aber schade um die schöne Schweiz;
b) Nein, in einem so kleinen Land kann man einen so großen Blödsinn nicht machen.

Der 30. Jahrestag der „DDR" am 7. Oktober 1979, wird monatelang propagandistisch vorbereitet. Beim Anstehen – keiner kannte den anderen – erzählt jemand: Da wollte einer Brötchen kaufen. Wie viele denn? Sechs mal sechs minus sechs. – Wie viele? Sagen Sie doch gleich 30! – Ich kann das Wort nicht mehr hören.

Ein Stasi-Mitarbeiter beantragt die Ausreise in den Westen. Er wird zur Rede gestellt: „S i e beantragen die Ausreise?" „Ja, ich habe da zwei Gründe. Der zweite ist der: Wenn das hier mal anders kommt, werden sie uns als Stasi-Mitarbeiter lynchen." „Aber dem gilt ja unsere Arbeit: es wird nicht anders kommen." „Das ist der erste Grund."

Ein Mann will bei der Sparkasse ein Konto eröffnen mit 4000 Mark. „Aber was passiert mit meinem Geld, wenn die Sparkasse Pleite macht?" „Das ist ja ganz unwahrscheinlich, aber schlimmstenfalls springt unser Staat ein, die Deutsche Demokratische Republik." „Ja, wenn die aber Pleite macht?" „Das müsste Ihnen doch 4000 Mark wert sein!"

Die DDR strebt ja Weltniveau an. So wird in Rostock ein Bordell aufgemacht. Ein Genosse tritt ein und bezahlt als erstes, wie alle, 50 Mark. Dann sieht er sich zwei Türen gegenüber: 1) für Deutsche, 2) für Ausländer. Der Mann geht durch die Tür für Deutsche und sieht sich wieder zwei Türen gegenüber: 1) für Verheiratete, 2) für Ledige. Ehrlich geht er durch die Tür für Verheiratete. Er steht wieder vor zwei Türen: 1) für Parteimitglieder, 2) für Parteilose. Er geht durch die Tür für Genossen – und steht wieder im Freien, einem Schild gegenüber: Wir danken für Ihre Vietnamspende.

„Genosse, warum warst du nicht bei der letzten Parteiversammlung?" „Wenn ich gewusst hätte, dass es die letzte ist, wäre ich gekommen."

Ein Zeitungsverkäufer: Wünscht hier jemand ein „Neues Deutschland"? – Ruft jemand: Wir wünschen alle eins!

An der Endhaltestelle der Straßenbahn ruft der Schaffner: „Endstation, die Herrschaften bitte alle aussteigen!" Sagt ein Fahrgast: „Was heißt hier Herrschaften? Wir sind alle Arbeiter und Bauern! Wir sind am Ende! Haut ab!"

1987 in einer Dresdener Straßenbahn: Warnschild: Wer ohne Fahrschein angetroffen wird, muss ...Mark Strafe zahlen. – Hat jemand drüber geschrieben: ... kriegt die Ausreise!

Bernauer Heimatmuseum: 1848: Das Rathaus wurde gestürmt. Der Arbeiter ... wurde deswegen zu zwei Jahren Gefängnis verurteilt. Jemand schrieb dazu: NUR!

Ein Volkspolizist hat einem Freund einen Besuch versprochen: „Um 16 Uhr bin ich bei dir." Der Freund wohnt in einem Hochhaus im 14. Stock. Es ist längst 16 Uhr, der Freund wartet und wartet. Endlich, um 17.15 Uhr, kommt der Volkspolizist. „Bitte entschuldige die Verspätung, aber im Fahrstuhl steht: Für sechs Personen. Da musste ich doch warten, bis die anderen fünf da waren."

Ein Mann schimpft auf der Straße vor sich hin: „Sch- -staat! Ein Sch - -staat!" Das hört ein Volkspolizist. „Was sagen Sie, ich muss Sie verhaften!" – „Erlauben Sie! Es gibt doch viele Staaten. Sie können gar nicht wissen, welchen Staat ich meine!" – Da haben Sie Recht. Gehen Sie! – Halt, ich muss Sie doch verhaften! Es gibt ja nur e i n e n Sch - -staat."

Das Wrack der Titanic wird gehoben. Die beteiligten Staaten melden ihre Wünsche an, was sie davon haben wollen. Die USA wollen den Inhalt der Tresore. Die UdSSR möchte den ganzen Schrott. Die DDR möchte die Kapelle, die bis zum Untergang spielt.

Ein Gast im Lokal: Ich hätte gern ein Glas Tee! – Russischen oder chinesischen? – Ach nein, bringen Sie mir lieber eine Tasse Kaffee.

Ein frisch zur „Nationalen Volksarmee" eingezogener Soldat läuft ständig suchend umher: „Wo ist er denn? Wo ist er denn?" Nach mehreren Vorstellungen beim Psychiater bekommt er schließlich den Entlassungsschein. Da ruft er: „Da ist er ja! Da ist er ja!"

Auf einem Bahnsteig an einem Entlassungstag: „Hat es euch gefallen bei der Volksarmee?" „Nein!!" „Wolltet ihr einen Tag länger dienen?" „Nein!!" (Selbst erlebt. NVA-Offizier tat so, als höre er das nicht).

Eine Gruppe frisch Eingezogener, vor der Vereidigung, macht einen Höllenlärm. Der Unteroffizier wird der Lage nicht Herr. Versucht ein hoher Offizier für Ruhe zu sorgen. Ruft einer: Na, Opa, hast du hier ooch wat zu sagen?

Der Arbeiterzug hält beim VEB „Leuna-Werke Walter Ulbricht". Ruft jemand über den Bahnsteig: „Spitzbarthausen! Alle Fabrikbesitzer aussteigen!"

Man hat einen Verdacht, dass ich beim Parteitag ein Spion eingeschlichen hat. Er wird schnell ermittelt: Es ist der Einzige, der nie schläft.

Fritzchen schreibt einen Aufsatz über die LPG: *in der lpg werden schweine gezüchtet. wenn aus den kleinen schweinen große schweine geworden sind, kommen sie in die stadt und dort werden sie gefressen.* Aber Fritzchen, kannst du dich nicht etwas besser ausdrücken? Fritzchen berichtigt: *wenn aus den kleinen schweinen große schweine geworden sind, kommen sie in die stadt und werden dort genossen.*

Die jungverheiratete Frau serviert ihrem Mann immer nur Rührei. Sie besucht daher einen Kochkursus. Nach sechs Wochen gibt es weiterhin immer nur Rührei. Fragt ihr Mann: Was lernt ihr denn gerade im Kochkursus? – Wir sind jetzt beim VII. Parteitag.

Otto Grotewohl hat einen Sohn bekommen. Wie soll er heißen? Jemand schlägt vor: Zacharias. Da sagt ein anderer: „Zacha könnt ihr weglassen; aber rias hört jeder gern."

Welche drei Eigenschaften kann ein Genosse unmöglich gleichzeitig haben, sondern immer nur zwei unter Ausschluss der jeweils dritten? Intelligenz, Ehrlichkeit, Überzeugung.

Im Dezember 1989 ruft Honecker bei Mielke an: Sag mal, ist diese Übung nicht bald zu Ende?

Wirtschaft

Können auch Hunde eine Kooperationsgemeinschaft eingehen? Nein. Aber einige dumme Hunde versuchen es immer wieder.

Kann man mit einer einzigen Atombombe die Wirtschaft der DDR lahmlegen? Ja, aber wozu der Aufwand. Zwei Zentimeter Neuschnee tun's doch auch.

Die DDR hat vier Feinde: Frühling, Sommer, Herbst und Winter. (Ein evangelischer Pfarrer fragte: Vier? Mehr nicht?).

Traf ich neulich einen Bekannten, der trug einen Kranz. Ach, ist jemand gestorben? – Nein. – Aber du trägst einen Kranz? – Es gab gerade welche.

War ich neulich im Fischladen und fragte nach Aal. Sagte die Verkäuferin: Treten Sie mal bitte etwas in den Hintergrund, ich bediene erst einmal ein paar andere Kunden. Nach 20 Minuten fragte ich schüchtern: Aal? Sagt die Verkäuferin: Haben Sie in den 20 Minuten gehört, dass auch nur e i n Kunde nach Aal gefragt hat? – Nein. – Na sehen Sie, ich werde mir doch nichts hinlegen, was sowieso keiner haben will.

Der Unterschied zwischen Osten und Westen: Der Osten hat Karl Marx und der Westen das Kapital.

Ein Bauarbeiter aus Oranienburg hat sich mit einem japanischen Kollegen angefreundet und bekommt tatsächlich die Erlaubnis, den mal in Japan zu besuchen. Er verlangt am Bahnhof Oranienburg eine Fahrkarte nach Tokio. – „Fahren Sie mal erst zum Ostbahnhof, da wird man Ihnen weiterhelfen." Am Ostbahnhof: „Nach Tokio? Fahren Sie mal erst nach Warschau." Von Warschau nach Moskau. Von Moskau nach Wladiwostok. Von Wladiwostok gelangte er tatsächlich nach Tokio. – Rückreise – Nun geht das wieder los? Am Fahrkartenschalter in Tokio: „Nach Oranienburg, bei Berlin?" Die Fahrkartenverkäuferin tippt ein wenig auf ihrem Computer herum und sagt dann: Hier ist die Fahrkarte – und zwischen Birkenwerder und Lehnitz ist z.Zt. Pendelverkehr.

Im Flugzeug aus Japan nach Berlin. Durchsage: In wenigen Minuten landen wir in Berlin-Schönefeld. Stellen Sie bitte Ihre Uhren um zwanzig Jahre zurück.

In Ost-Berlin wird ein Neubau errichtet. Auf dem Nachbargrundstück ziehen die Japaner einen Bau hoch. Die sind schon beim dritten Stock, als nebenan der Keller gerade mal fertig ist. Eines Tages kommt ein Japaner vorbei. Verbeugt sich tief und sagt etwas, was die Deutschen nicht verstehen. Nach zwei Wochen bemühen sie doch mal einen Dolmetscher. Der übersetzt: Wir würden uns ja gern eurem Bummelstreik anschließen, wir sind aber nicht gewerkschaftlich organisiert.

Für Japaner wird eine Betriebsführung durch einen ganz neuen DDR-Betrieb gemacht. Danach sagen die Japaner: Die Museumsführung war für uns sehr interessant!

Hast du einen dummen Sohn, schicke ihn zur Bau-Union. Ist er noch ein bisschen dümmer: Die Deutsche Reichsbahn nimmt ihn immer.

Leute suchen ein Mittagessen in irgendeiner Gaststätte. Die eine hat heute Ruhetag, in der nächsten wird renoviert. Da: „LPG – Gaststätte". Na, das muss ja was sein. Aber siehe, schnell kommt das bestellte Gericht, es schmeckt und ist nicht teuer. Das ist ja erstaunlich, dass wir in einer LPG-Gaststätte so zufriedenstellend bedient werden. Sie müssen wissen, was das heißt: Letzte private Gaststätte.

Vorgekommen: Bahnfahrt von Berlin nach Demmin. Kommt ein Mitropa-Mitarbeiter ins Abteil: ich kann Ihnen Radeberger Bier anbieten. Das sollte eigentlich in einem Interzonenzug für Westgeld angeboten werden und landete zufällig bei uns. sagt ein Fahrgast:

ich fühle mich als Bürger der DDR beleidigt. Eigentlich für Westgeld, nur zufällig für uns. Ich nehme das Bier nicht. Ein Genosse schließt sich dem an. Beide Fahrgäste kommen ins Gespräch und schimpfen auf die Verhältnisse. Irgendwann fragt der zweite Fahrgast den ersten: Was machen Sie eigentlich beruflich? - Ich habe Philosophie studiert. – Und was machen Sie jetzt? – Ich bin Kaplan in …. Ende der Unterhaltung.

Drei Astronauten nach 14 Tagen im All. Der Ami wird gefragt: Was möchten Sie zur Belohnung? Ein Auto? Ein Haus? – Ein Auto habe ich ja. Also ein Haus. Der Russe, vor die Alternative gestellt, wählt freudig das Auto. Der DDR-Bürger wird gefragt: Wollen Sie die Zeit nacharbeiten oder sollen wir die Zeit vom Urlaub abziehen?

Honecker ist 65 Jahre geworden und darf ja nun als Rentner in den Westen fahren. nach der Rückkehr nach seinen Eindrücken gefragt, sagt er: Es ist eigentlich so wie bei uns. Für Westgeld gibt es alles!

Ein Deutscher im Kaukasus. Woher kommen Sie? – Aus Deutschland. – Aus Deutschland über alles oder aus Deutschland drunter und drüber?

Warum heißt der Trabant so? Weil er immer um die Werkstatt kreist.

Alkohol-Kontrolle. Ein Tatra-Fahrer wird mit Alkohol-fahne gestellt. „Wir hatten im Betrieb eine Jubiläums-feier." – Die Fahrerlaubnis wird eingezogen. Ein Wolga-Fahrer wird gestellt. „Wir hatten im Betrieb eine Geburtstagsfeier." - Fahrerlaubnis weg. Kommt ein Trabant in Schlangenlinie daher. „Bitte mal pus-ten!" - „Nicht, wie Sie meinen, Herr Wachtmeister. Hunger!"

Ein Mann hat viel Geld gespart und möchte ein Auto kaufen. Ja, das wollen viele. „Moment mal, ich hole mal mein Buch und trage Sie ein; mit ein paar Jahren müssen Sie rechnen." Daraufhin möchte sich der Mann zunächst mal einen Farbfernseher kaufen. „Ich hole mal mein Buch und trage Sie ein. Wir haben vie-le Voranmeldungen." Nun möchte sich der Mann eine vollautomatische Waschmaschine kaufen. „Da müs-sen Sie noch etwas warten. ich hole mal mein Buch..." Da regt sich der Mann so auf, dass er an einem Herz-infarkt stirbt. Im Himmel sagt Petrus: „Wir wissen ja Bescheid. Zum Trost darfst du dir hier etwas wün-schen." „Ich möchte dem Honecker ganz fürchterlich in den Hintern treten." „Ja, das wollen viele. Mo-ment, ich hole mal mein Buch..."

Ulbricht hat einen Schlaganfall erlitten. Weil die Rent-ner, die ja jetzt in den Westen fahren dürfen, alle zu-rückkommen.

Die Bürger ab 60 Jahren dürfen jetzt bei Rot über die Kreuzung gehen, ab 65 müssen sie.

Eine Genossen-Familie erwartet Besuch von einem hohen Funktionär. Die Familie besitzt einen Papagei, der immer sagt: „In der DDR gibt's nichts. In der DDR gibt's nichts." – Der Papagei muss verschwinden. Aber wohin denn nun? Ab in den Kühlschrank. Nach Stunden verabschiedet sich der Besuch, die Familie geht schlafen, keiner denkt an den Papagei. Am nächsten Morgen öffnet die Frau den Kühlschrank, da kommt der zitternde Papagei ihr entgegen und sagt: „In der DDR gibt's alles, in der DDR gibt's alles." - „Armes Tier, nun bist du wohl verrückt geworden!" – „Ein Jahr Sibirien reicht mir!"

Der Mond soll kommerziell verwertet werden. Amerika, Russland und die DDR haben Verwendungszwecke. Die Amerikaner verarbeiten das Mondgestein zu Schmuck. Die Russen machen aus dem Mondstaub Zahnpasta. Die DDR teilt mit: Wir benutzen schon lange das Mondlicht als Straßenbeleuchtung.

Eine Frau schimpft: „Sogar nach Kartoffeln muss man anstehen." Beschwichtigt sie ein Genosse: „Regen Sie sich doch nicht so auf, in Afrika müssen die Leute sogar nach Wasser anstehen." – „Was? Wie lange sind denn da schon die Russen?"

Ein Flugzeug wird konstruiert, stürzt aber beim ersten Probeflug ab; die Tragflächen sind abgebrochen. Der Konstrukteur kommt ins Gefängnis. Einem zweiten geht es genauso. Ein dritter wird beauftragt. Ganz unglücklich klagt er einem ehemaligen Mitschüler, der Drogist geworden ist, sein Leid. Sagt der Drogist: „Mach doch da, wo die Tragflächen ansetzen, eine Reihe Löcher in den Rumpf." Der Konstrukteur versteht das zwar nicht, aber in seiner Verzweiflung macht er es so. Und tatsächlich, das Flugzeug fliegt und landet tadellos. Fragt der Konstrukteur den Drogisten: „Wie bist du auf diese Idee gekommen?" – „Ach, weißt du, ich dachte mir: Das Klopapier reißt ja auch nicht an der perforierten Stelle."

West-Junge: „Ätsch, wir haben Apfelsinen." Ost-Junge: „Ätsch, wir haben den Sozialismus." West-Junge: „Ätsch, wir haben auch bald den Sozialismus." Ost-Junge: „Ätsch, dann habt ihr auch bald keine Apfelsinen mehr."

Es gab (manchmal) haltbare (oder auch nicht haltbare) Milch in Spezialtüten mit vier dreieckigen Seitenflächen (Tetraeder). Die wurden genannt: Picasso-Euter.

Die DDR wird umbenannt in DGR, Deutsche Gebirgsrepublik. Lauter Engpässe.

Der Bauleiter vom Palast der Republik, ein Sachse, wurde verhaftet. Der sagte immer: Der Ballast der Republik.

Bewerbungsgespräch. Können Sie ein Auge zudrücken? – Ja. – Können Sie auch zwei Augen zudrücken? – Ja. – Dann nehmen wir sie als Gütekontrolleur.

Ein Mann beim Friseur zum Haareschneiden: Bitte LPG Typ 3: Alles weg. Sagt der Friseur: Sagen wir: Typ 2, die Tiere können Sie behalten.

Was ist der Unterschied zwischen einem West-Snob und einem Ost-Snob? Der West-Snob lässt sich seine Petersilie von Fleurop bringen, der Ost-Snob lässt sich seine Beerdigung von Genex bezahlen.

Geheimdienst

(hier und auch in anderen Abschnitten teils reale Vor-
kommnisse)

Internationaler Chirurgenkongress in Zürich. Es geht
um neue und komplizierte Eingriffe. Der DDR-Vertre-
ter: Wir machen Mandeloperationen. – Was ist daran
so schwierig? – Wir machen das von hinten; bei uns
macht doch keiner mehr den Mund auf!

Eine Nähnadel und eine Stopfnadel gehen spazieren
und erzählen sich allerhand. Sagt die Nähnadel: Pst,
nicht so laut, hinter uns geht eine Sicherheitsnadel.

In Spindlersfeld haben sie zwei Wäschereien zuge-
macht. Die haben die Wäsche mit Westwind getrock-
net.

Aus Erfurt schreibt jemand seinem Freund nach dem
Westen und beklagt sich über so manchen Missstand.
Am Ende schreibt er: Wenn dieser Brief in die Kon-
trolle gerät, wirst du ihn nicht erhalten. Nach zwei
Wochen kommt der Brief zurück mit dem amtlichen
Vermerk: Wegen Schmähung der DDR nicht weiterge-
leitet; bei uns gibt es keine Briefzensur!

In Ost-Berlin, ca. 1955: Je eine evangelische und eine katholische Studentengruppe versandten per Post Einladungen zu ihren Treffen. Zwei Briefe kamen vertauscht an. Wir haben sie zurückgetauscht und uns recht amüsiert.

Bei der „Ständigen Vertretung" der Bundesrepublik in Ost-Berlin kam ein Brief an, in dem auch eine Grußkarte steckte, die gar nicht da hinein gehörte. Es wurde den zuständigen Stellen gemeldet mit der Bemerkung: Dass unsere Post kontrolliert wird, ist uns klar; aber bitte mit Weltniveau!

Russenwitze

1946 sitzen in einem Restaurant an einem Tisch Russen, am Nebentisch Deutsche. Nach einer Weile sagt einer der Russen zu den Deutschen: Sie sprechen ja ständig über Essen; wir unterhalten uns immer über die Kultur. Ja, sagt ein Deutscher, man spricht eben immer über das, was man nicht hat.

Innerbetriebliche Schulung. Die demontierten Gleise sind nur an die Sowjetunion verliehen. Fragt ein Zuhörer: Ist meine Armbanduhr auch bloß verliehen? (geschehen ca. 1949; er wurde aber nicht belangt)

Nach einem Treffen Kennedy – Chruschtschow, auch mit Gattinnen, fragt die Frau von Chruschtschow ihren Mann: Hast du die Uhr von der Kennedy gesehen – diese Uhr!? – Nein, zeig doch mal!

Stimmt es, dass Iwan Iwanowitsch aus Moskau ein Auto gewonnen hat? Die Meldung stimmt. Nur handelt es sich nicht um Iwan Iwanowitsch, sondern um Michail Michailowitsch; und er wohnt nicht in Moskau, sondern in Leningrad. Es handelt sich auch nicht um ein Auto, sondern um ein Fahrrad. Und er hat es nicht gewonnen, sondern es wurde ihm gestohlen.

Sowjetunion in den 30er Jahren: Wie geht es dir? –
Danke; wie im Omnibus: Wer nicht sitzt, zittert.

Die Spätzin gibt den jungen Spatzen Lebenskunde-
Unterricht. Da kommt ein Pferd und lässt eine Menge
„Äpfel" fallen, genau auf die jungen Spatzen drauf.
Gleich kommt eine Katze, buddelt die kleinen Spatzen
aus und frisst zwei von ihnen auf. – Seht, Kinder, sagt
die Spätzin, ihr müsst nicht so sehr die fürchten, die
euch besch…, sondern die, die euch befreien.

Wo sind Sie geboren? – In St. Petersburg. – Wo sind
Sie zur Schule gegangen? - In Petrograd. – Wo haben
Sie die längste Zeit Ihres Lebens gewohnt? – In Lenin-
grad. – Und wo wohnen Sie jetzt? – In St. Petersburg.

Was ist ein Sextett? Ein sowjetisches Sinfonieorches-
ter nach einer Tournee durch die Vereinigten Staaten.

(Mit Streichhölzern vorzuführen:) Ein Russe und ein
Deutscher machen Geschäfte, es bleiben 15 Hölzer
übrig. Der Russe verteilt sie gerecht: Du einen – ich
einen. Du zwei - ich zwei (gibt ein zweites, nimmt
sich zwei; u.s.f). Du drei – ich drei. Du vier – ich vier,
Du fünf – ich fünf (damit nimmt er die fünf des Deutschen für sich).

Aus Minsk: Ein Russe kann sich öfter für Dollar etwas im Intershop kaufen. Woher hast du die Dollars? – Ich hatte im Krieg zwei Juden im Keller versteckt, sie haben überlebt, sind jetzt in den USA und von jedem bekomme ich pro Monat einen Dollar. – Aber das hört doch mal auf!? – Ich habe schon wieder zwei neue im Keller.

Über den Roten Platz geht ein alter Mann, der hat nur einen Schuh an. Oh, Brüderchen, hast du einen Schuh verloren? – Nein! Einen gefunden!

Nach der Wende: Was ist das gewaltigste Kriegsschiff aller Zeiten? Die Aurora. E i n Schuss, und Russland lag für 80 Jahre in Trümmern.

Jetzt kann man billig nach Astrachan fliegen. – Was willst du denn in Astrachan? – O, wenn ich höre, in Astrachan gibt es Streichhölzer, fliege ich hin und kaufe welche.

Die Lehrerin: Liebe Kinder, woher kommt denn eigentlich immer so der Frühling? Ja, Inge. – Der Frühling kommt aus Westdeutschland. – Wieso das denn? - Wir hatten im Februar Besuch aus Westdeutschland und die haben uns schon Frühgemüse mitgebracht. – Ach nein. Bitte, woher kommt der Frühling? Ja, Anton? – Der kommt aus den Niederlanden. – Wieso

das? – Wir hatten im Februar Besuch aus den Niederlanden und die haben Schnittblumen mitgebracht. –
Ach nein. Woher kommt der Frühling? – Michael: Aus
der Sowjetunion. – Richtig! Und wieso? – Wir hatten
im Februar Besuch aus der Sowjetunion und die hatten alle Turnschuhe an!

Wer ist der beliebteste Sowjetbürger? Der Genosse
Bungalow , der Erfinder des Eigenheims.

Grenzgeschichten

Im Tränenpalast am Bahnhof Friedrichstraße sang ein angeheiterter „Wessi" an einem Heiligen Abend dauernd laut: *Fürchtet Euch nicht.* Er wurde schnell abgefertigt.

Grenzkontrolle in der S-Bahn: Was haben Sie da drin? – Windeln für dich, mein Sohn. (Heiterkeit, Ende der Kontrolle).

Vorgekommen: Grenzkontrolle in der S-Bahn. Eine sehr dicke Frau wird gefragt: Was haben Sie da in der Tasche? - Einen neuen dicken A..., der alte hat ein Loch. Gelächter, „Volkspolizist" raus.

Es ist wie im zaristischen Russland: Der Mensch besteht aus Leib, Seele und Reisepass.

Der Bahnhof Griebnitzsee wird umbenannt in „Schillerbahnhof". Da spielen sie alle 20 Minuten „Die Räuber".

Vorgekommen: Eine seit langer Zeit in Wriezen ansässige Rheinländerin fuhr mit dem Linienbus von Ost-Berlin nach Wriezen (ab 1952 durften West-Berliner nicht mehr aus Berlin hinaus in die „Zone"; daher fanden bis zum Mauerbau an der Stadtgrenze von Ost-Berlin Ausweiskontrollen statt). Der Bus hielt an der Stadtgrenze zwecks Kontrolle. Frau B. spürte ein menschliches Rühren, um ins Gebüsch zu gehen. Als sie zurückkam, fuhr der Grenzer sie an: Während der Kontrolle darf keiner aussteigen. – Aber ich musste mal. – Sie zahlen zur Strafe eine Mark. – Die Frau zahlte das Geld. Der Grenzer: Ich habe gesagt: eine Mark; jetzt geben Sie mir 1 Mark zehn. – Ich han noch einen fliejen lassen.

Transit West-Berlin-Westdeutschland: Kotrollpunkt Dreilinden, ein Priester wird von einem Grenzer so angesprochen: „Waffen, Munition?" – Ich kaufe nichts! – Rechts ran, Weiterfahrt nach zwei Stunden.

Ein Vierjähriger fragt seine Mutter im Auto: Mutti, ist hier Krieg? Die Mutter sprach beruhigend auf ihn ein. Nach einer Weile: Mutti, gibt es hier n u r Soldaten? Auf der halben Strecke war er nicht ansprechbar und hatte keinen Appetit.

Ein Priester wird an der Grenze kontrolliert. Was ist das für ein Buch? – Mein Stundengebetbuch, daraus hat ein Geistlicher jeden Tag bestimmte Abschnitte zu beten. – Und wer kontrolliert das?

Nach dem Mauerbau:

Vorschlag für eine neue Nationalhymne: Wenn ich ein Vöglein wär'.

Eine Fahrerlaubnis ist zum Autofahren nun nicht mehr nötig, auf eingezäunten Grundstücken braucht man ja keine.

Die nächste Nummer der Modezeitschrift PRAMO kostet 20 Mark. Da ist ein Schnittmuster drin für einen Ballon.

Ein hoher Parteifunktionär hat eine Autopanne, gerade vor den Toren einer Anstalt für geistig Behinderte. Sagt der Pförtner: ich schicke Ihnen gleich mal einen Kfz-Fachmann, vor ein paar Tagen wurde hier einer eingeliefert. Der Mann kommt, sieht gleich, was los ist und der Schaden ist schnell behoben. „So ein kluger Mann wie Sie in so einer Anstalt?" - „Wegen Republikflucht." – „Wie? Da gehören Sie ins Gefängnis und nicht hierher." – „Ich wollte nach Moskau."

Der Unterschied zwischen dem Centrum-Warenhaus und der DDR: Im Centrum-Warenhaus sind die Fluchtwege gekennzeichnet.

Die Bruderländer, sozialistisches Ausland

Jugoslawien:

In Jugoslawien gibt es ein neues Gesetz gegen widernatürliche Liebe. Männer untereinander: drei Jahre Zuchthaus. Frauen: fünf Jahre. Liebe zur Sowjetunion: acht Jahre Zuchthaus.

Polen:

In einer polnischen Stadt wurde der Roten Armee ein Denkmal gesetzt: Ein Rotarmist steht auf einem Sockel. Kommt eine alte Frau vom Land wieder einmal in die Stadt und fragt einen Polizisten: „O, was ist denn das für ein neuer Heiliger?" – „Der hat uns von den Deutschen befreit." – „Dann werde ich mal zu ihm beten, dass er uns auch von den Russen befreit."

Die Genossen bekommen jetzt eine Gehaltszulage, damit sie die weite Fahrt zum Sonntagsgottesdienst bezahlen können.

Eine Familie beim Abendessen. „Papa, mein Ei ist schlecht." – „Iss, unsere Freunde, die Polen, schicken uns keine schlechten Eier" – „Papa, muss ich den Schnabel auch mitessen?"

Demonstration am 1. Mai. Auf einem Transparent steh: Solidarität mit der Partei. Vor der Haupttribüne wird das Transparent weiter entrollt: ...rechnet ab. (Die Träger wussten, dass sie verhaftet würden, aber sie wussten auch: Wir kommen wieder raus. Vorgekommen!)

Tschechoslowakei:

Papa, ist der Böhmerwald ein Mischwald oder ein Nadelwald? – Der Böhmerwald ist ein Nadelwald. – Nein, Papa, der Böhmerwald ist ein Mischwald: Immer ein Baum, ein Russe, ein Baum, ein Russe.

Auf der Brüstung der Karlsbrücke sitzt ein Tscheche und sagt immer vor sich hin: einundzwanzig, einundzwanzig. Kommt ein Russe und fragt: Was zählst du da? – Kann ich dir nur erklären, wenn du dich mal neben mich setzt. Der Russe setzt sich neben ihn – und erhält bald einen großen Schubs und fliegt in die Moldau. Der Tscheche ruft ihm hinterher: Zweiundzwanzig.

Nach der Invasion von 1968 schreiben die Russen an die Stadt Prag, sie möchten bitte den Veitsdom umbenennen in Breschnew-Dom. Verlegen fragt man sich im Stadtrat: Was antworten wir da bloß? Und Sie antworten: Wir würden das sehr gern machen, nur brauchen wir dazu erst die Reliquien von Breschnew. (Breschnew starb erst 1982).

Ein Polizist steht auf dem Wenzelsplatz, er sieht so vor sich hin. Da bemerkt er ein Ringlein auf dem Pflaster. Er denkt: Vielleicht ist das der Wunschring der Arabella? Er hebt verstohlen das Ringlein auf, zieht ihn auf den Finger und wünscht sich ein schickes Auto. Und schon steht vor ihm ein Mercedes. Er dreht den Ring noch einmal und wünscht sich ein großes Haus in einem schönen Garten. Und schon steht er in einem Park vor einer Villa. Und er dreht den Ring ein drittes Mal und wünscht sich ganz viel Geld, ohne zu arbeiten. Und da steht er als Polizist auf dem Wenzelsplatz.

Der tschechoslowakische Politiker Alexander Dubček stirbt und hat im Jenseits drei Wünsche offen. Als erstes wünscht er sich, die Chinesen sollen nach Prag kommen und wieder zurückgehen nach China. Man ist sehr verwundert, aber der Wunsch gilt. Zweiter Wunsch? Die Chinesen sollen noch einmal nach Prag kommen und wieder zurückgehen. Nanu! Und ein dritter Wunsch! Die Chinesen sollen ein drittes Mal nach Prag kommen und dann wieder zurückgehen in die Heimat. Wieso wünscht er sich das dreimal? - Was meint ihr, wie Moskau aussieht, wenn die Chinesen sechsmal durchgezogen sind!

Ungarn:

In Budapest wird die Margaretenbrücke renoviert. Nach Beendigung der Arbeiten sollen zur Prüfung der Belastbarkeit hundert Genossen mit ihren Autos auf die Brücke fahren. Wenn die Brücke hält, ist es gut. Wenn nicht, ist es besser.

China:

Chinesisches Lexikon, Stichwort „DDR". Ausgabe 1990: Kleines, zänkisches Volk an der Westgrenze. Ausgabe 2000: Kleines, rachsüchtiges Volk im Himalaja.

Kirche

Was ist der Unterschied zwischen den Kommunisten und den Tauben? Da ist kein Unterschied. Sie sitzen auf den höchsten Stellen und sch... auf die Kirche.

Wahlen an der Theologischen Fakultät der Humboldt-Universität. Schreiben die Studenten auf den Wahlzettel: Jesaja 41,24 (Einen Greuel wählt, wer euch wählt.)

Der Vatikan und der Kreml haben sich auf eine gemeinsame Formel zur Entstehung der Welt geeinigt: Gott hat die Welt erschaffen, aber sowjetische Spezialisten haben ihm dabei geholfen.

Kolchosbauer zum Vorsitzenden: Es hat ja, Gott sei Dank, wieder einmal geregnet. Vorsitzender: Wir wissen doch, Gott sei Dank, dass es keinen Gott gibt. Bauer: Wenn es aber, was Gott verhüten wolle, doch einen gibt!

Parole der Kommunisten: Ohne Gott und Sonnenschein bringen wir die Ernte ein. Gegenparole: Ohne Sonnenschein und Gott macht die DDR bankrott.

Eine Familie besitzt einen Papagei, der sagt immer: „Nieder mit der SED, nieder mit der SED." Nachbarn erstatten Anzeige. Der Vater der Familie soll vor Gericht. Er klagt dem Pfarrer seine Not, der leiht ihm seinen Papagei. Der Staatsanwalt sagt dem Papagei vor: „Nieder mit der SED." Der Papagei sagt aber nichts. Alle Gerichtsbediensteten rufen: „Nieder mit der SED." Der Papagei schweigt. Schließlich ruft der ganze Saal: „Nieder mit der SED." Da sagt der Papagei: „Der Herr erhöre eurer Flehen!"

Vorgekommen: Ein Priester hatte seine ganze Verwandtschaft im Westen, sein Antrag auf einen Interzonenpass wurde aber mehrmals abgelehnt. Schließlich beschwerte er sich so lange, bis er einen Termin beim Vorsitzenden des Rates des Kreises bekam. Als er den Termin wahrnahm, saß er, wenn man die Tür öffnete, hinter der Tür. Ein Mitarbeiter kam herein, konnte ihn nicht sehen und fragte den Vorsitzenden: War der Pfaffe aus B. schon da? Der Vorsitzende wusste nicht recht, was er sagen sollte und der Mitarbeiter fragte nach: War der Pfaffe schon da? Der Vorsitzende ging mit dem Mitarbeiter hinaus. Als er wieder hereinkam, sagte der Pfarrer: Wenn Sie vermeiden wollen, dass das größere Kreise zieht: Ich will einen Interzonenpass. Er bekam ihn.

Vorgekommen: Grenzkontrolle. Was sind Sie von Beruf? – Pfarrer. – Was ist das?

Der Dom in Berlin wird nun doch nicht abgerissen, sondern wiederhergestellt. Wenn er fertig ist, wird Honecker im Dom zum Kaiser gekrönt.

Im Großraum Potsdam sagte ein Genosse: wenn ich mal operiert werden muss, gehe ich in das St.-Josefs-Krankenhaus. Wer weiß, was ich sage, wenn ich aus der Narkose aufwache.

Breschnew stirbt und wird im Jenseits gefragt, was denn so für einen Generalsekretär der KPdSU im Leben besonders schön und was besonders schwierig war. „Besonders schön waren die weltweiten Reisen, die man ja sonst gar nicht so machen kann. Besonders schwierig war das dauernde Zeitumrechnen weltweit. Einmal wollte ich dem Reagan zum Geburtstag gratulieren, da klingelte ich ihn aus dem Schlaf. Und beim Papstattentat wollte ich gute Besserung wünschen, da kam ich zwei Stunden zu früh!"

Maximilian Kolbe wurde nach der Seligsprechung 1982 heiliggesprochen. Ein Priester hatte an der Grenze ein Buch über Maximilian Kolbe dabei. Sagte der Grenzer: Ach ja, der ist doch neulich befördert worden.

Katholikentreffen in der DDR 1987. Im Vorfeld gab es Gerüchte, ob vielleicht Johannes Paul II. dazu in die DDR käme. Im Zusammenhang damit: Zwei katholische Männer kommen an der Mauer eines Stasigeländes vorbei und hören von diesem Gelände her viele Männerstimmen: Eins, zwei, drei, vier, fünf...eins, zwei, drei, vier, fünf. – Was machen die bloß? Heb mich mal hoch. Der muss schon oben lachen und erzählt unten: Die üben das Kreuzzeichen; rechte Hand oben, unten, links, rechts; beide Hände falten.

Darf ein Lehrer an Gott glauben? Ja, aber nur an Margot (Margot Honecker, ab 1963 Ministerin für Volksbildung).

Einige Abkürzungen

DDR: Der Doofe Rest
SED: Shop Exquisit Delikat
So Endet Deutschland
An der Toilettentür: Sitzt Eener Druf

Nachwort

Politische Witze haben in diktatorischen Systemen Hochkonjunktur und spielen für die unterdrückte Bevölkerung eine wichtige Rolle, nicht zuletzt als Ventil. Mit dem befreienden Lachen werden die Machthaber entlarvt, auf satirische Weise werden im politischen Witz die Verhältnisse dargestellt und Bedrohliches für einen Moment entschärft. Die Angst der Diktatoren vor diesem Witz war zu allen Zeiten groß. Gleichzeitig versuchte man, wie sich am Beispiel der DDR gut erkennen lässt, den Witz gezielt als Überdruckventil einzusetzen. Die meisten politischen Witze entstammten, so hieß es in einer kursierenden Bemerkung, die selbst den Charakter eines politischen Witzes hatte, vermutlich der Staatssicherheit selbst. So könne man die Stimmung testen und gegebenenfalls Systemgegner in die Falle locken. Eindeutig beschwichtigende Funktion hatten die Kabarettprogramme, die in allen größeren Städten und auf Tourneen liefen. Sie erweckten den Anschein von Meinungsfreiheit, waren aber genau geplante Abwiegelungsveranstaltungen. Dabei ist freilich nicht auszuschließen, dass auch Kabarettautoren gegen ihre Intention instrumentalisiert wurden.

Ernst Dickenscheid, Jahrgang 1933, hat die DDR-Zeit mit wachem politischen Auge von innen verfolgt, aus der besonderen Perspektive des katholischen Priesters. Nach seiner Priesterweihe im Jahr 1958 war er Kaplan in Lehnin, Ostberlin, Friesack, und Pasewalk. Ab 1968 war er Pfarrer in Wilhelmshorst und von 1982 bis 2003 in Petershagen. Als Pfarrer i.R. lebt er in Michendorf, wo er weiter seelsorglich tätig ist. Die vorliegende Sammlung von Witzen und Anekdoten bekommt ihren besonderen Wert, trotz der großen Zahl verfügbarer und umfangreicher DDR-Witzbücher, durch den besonderen Blickwinkel des Geistlichen und die sich daraus ergebenden besonderen Konfliktfelder.

Neben der im Vorwort erwähnten verstorbenen Schwester des Herausgebers, Hildegard Dickenscheid, sei auch Frau Claudia Walter für die Mithilfe beim Zustandekommen des Büchleins gedankt.

Thomas Marin, Juli 2015